17 mars 1855 Mars 1855

Exemplaire de Beurdeley père.

CATALOGUE

D'UNE

TRÈS-JOLIE COLLECTION

DE

TABLEAUX

ANCIENS

DE L'ÉCOLE FRANÇAISE

AVEC LEURS CADRES EN BOIS, LA PLUPART RICHEMENT SCULPTÉS

Composant le Cabinet de M. DEVERE

Ancien Officier supérieur d'État-Major

DONT LA VENTE AUX ENCHÈRES PUBLIQUES AURA LIEU

HOTEL DES VENTES MOBILIÈRES

RUE DROUOT, N. 5

Salle n. 5, au premier étage,

Le Samedi 17 Mars 1855, à une heure.

Par le ministère de M⁰ **POUCHET**, Commissaire-Priseur,

Assisté de M⁰ **RIDEL**, son prédécesseur,

rue Saint-Honoré, 335.

Et de M. FERDINAND **LANEUVILLE**, Expert, rue Neuve
des Mathurins, 73.

Chez lesquels se distribue le présent catalogue.

EXPOSITION PUBLIQUE

Les Jeudi 15 et Vendredi 16 Mars 1855, de midi à 5 heures.

PARIS

MAULDE ET RENOU

IMPRIMEURS DE LA COMPAGNIE DES COMMISSAIRES-PRISEURS,

rue de Rivoli, 144.

1855

CATALOGUE

D'UNE

TRÈS-JOLIE COLLECTION

DE

TABLEAUX

ANCIENS

DE L'ÉCOLE FRANÇAISE

AVEC LEURS CADRES EN BOIS, LA PLUPART RICHEMENT SCULPTÉS

Composant le Cabinet de M. DEVERE

Ancien Officier supérieur d'État-Major

DONT LA VENTE AUX ENCHÈRES PUBLIQUES AURA LIEU

HOTEL DES VENTES MOBILIÈRES

RUE DROUOT, N. 5

Salle n. 6, au premier étage,

Le Samedi 17 Mars 1855, à une heure.

Par le ministère de Me **POUCHET**, Commissaire-Priseur,

Assisté de Mr **RIDEL**, son prédécesseur,

rue Saint-Honoré, 335.

Et de M. FERDINAND **LANEUVILLE**, Expert, rue Neuve

des Mathurins, 73.

Chez lesquels se distribue le présent catalogue.

EXPOSITION PUBLIQUE

Les Jeudi 15 et Vendredi 16 Mars 1855, de midi à 5 heures.

PARIS

MAULDE ET RENOU

IMPRIMEURS DE LA COMPAGNIE DES COMMISSAIRES-PRISEURS,

rue de Rivoli, 144.

1855

CONDITIONS DE LA VENTE

Elle sera faite au comptant.

Les acquéreurs paieront, en sus des adjudications, cinq centimes par franc, applicables aux frais.

AVERTISSEMENT.

Cette Collection n'offre pas de ces tableaux rares et précieux que les riches amateurs se disputent dans certaines ventes exceptionnelles, et acquièrent quelquefois à des prix fabuleux; mais elle est néanmoins remarquable par le goût qui a présidé à sa formation, de même que par sa spécialité. Elle ne renferme, en effet, — à deux ou trois exceptions près, — que des productions de l'ancienne école française; école qui, injustement dédaignée pendant un quart de siècle, jouit aujourd'hui de la plus grande faveur, tant chez nous qu'à l'étranger.

Les amateurs de cette peinture, en général si gracieuse et si spirituelle, — surtout ceux qui recherchent les portraits historiques, — trouveront donc un intérêt tout particulier à suivre notre vente, à laquelle se rattachent les noms de Watteau, de Lancret, de Pater, de Nattier, de Tocqué, de De Latour, de Boucher, de Chardin, de Greuze, etc., etc.

Nous ne signalerons aucun de nos tableaux en particulier; le public voit et juge, sans se laisser prendre à des éloges trop souvent intéressés. Nous dirons seulement qu'ils sont dans le meilleur état et, la plupart, ornés de riches bordures en bois sculpté et nouvellement dorées ; luxe très-commun autrefois, mais fort rare à cette époque de progrès, où la préoccupation du bon marché fait souvent préférer, dans le domaine de l'art, le plâtre au marbre, et à l'emploi du bois celui du carton-pâte, — sans préjudice du caoutchouc.

DÉSIGNATION

DES TABLEAUX

DUCHESSE DE BERRY (Mme LA).

1 — Vue d'un site napolitain. Don de Mme la duchesse de Berry à l'association de la Ruche populaire.— Signé M. C. (Marie-Caroline) 1850.

BOILLY.

2 — Jeune fille portant un enfant.

BOUCHER.

3 — Vénus et Vulcain.
4 — Daphnis et Chloé. (Charmant tableau.)
5 — Deux Nymphes. Tableau peint pour la manufacture des Gobelins.

6 — Deux Amours voltigeant dans les nuages.
7 — Jeune Femme assise dans son cabinet de toilette et occupée à nouer sa jarretière.
7 bis — Peintre dans son atelier.

CHARDIN.

8 — La Maîtresse d'école. Sujet gravé.
9 — Bouilloire en cuivre sur un réchaud. — Chaudron. Bouteille. — Viande et Légumes.
10 — Pendant du précédent. — Bassin en cuivre — Cruche. — Égrugeoir. — Fruits.

COYPEL (CHARLES).

11 — Portrait en pied de Mme de Pompadour. — Deux Amours tenant des guirlandes de fleurs voltigent au dessus d'elle.
12. — Jeune fille qui venant de recevoir une lettre, la lit avec attention.

DROUAIS, Peintre du Roi.

13 — Portrait de Mme de Pompadour. (Gravé).
14 — Idem de Mme Dubarry. (Gravé.)
15 — Idem du Cte de Provence enfant (depuis Louis XVIII) en colonel-général des Suisses.

EISEN (Père).

16 — Le Bilboquet.
17 — Concert dans un salon.

FRAGONARD.

18 — Sainte Rosalie.
19 — Scène d'intérieur. — Une jeune fille assise tient un enfant dans ses bras. Deux autres enfants, dont l'un joue avec un chien, sont à ses côtés.

GREUZE.

20 — Portrait du peintre.
21 — Tête d'un Auvergnat employé dans l'atelier de Greuze.
22 — Portrait de Mlle Saint-Val (cadette), actrice du Théâtre-Français, dans un de ses rôles tragiques.
23 — Jeune Femme. — Tête d'expression.

GREUZE (D'APRÈS)

24 — Belle copie de la Jeune Fille au Mouton, dont l'original se trouve dans le cabinet de M. le comte de Pourtalès.

HUET.

25 — Vénus et plusieurs Amours sur un nuage.

HUYSMANS, DE MALINES.

26 — Petit Paysage.

JANET (ÉCOLE DE)

27 — Portrait de Catherine de Médicis. (Gravé.)

JEAURAT.

28 — Le Mari jaloux. (Gravé.)

KEYSSER (THÉODORE).

29 — Portrait de femme.

« Les tableaux de Keysser, très estimés en Hollande, sont, dit Gault de Saint Germain, de la plus grande rareté. Ce peintre n'est plus représenté au Musée du Louvre, depuis que deux de ses chefs-d'œuvre, le BOURGMESTRE D'AMSTERDAM et le portrait d'un HOMME VÊTU DE NOIR, ont disparu de cet établissement.

LANCRET.

30 — Noce villageoise. Plusieurs personnages, à gauche du spectateur, regardent les mariés qui dansent aux sons de la vielle. A droite, on voit, se donnant le bras, le seigneur et la dame du lieu, sous les traits de M. et de Mme Julienne, protecteurs de Watteau.

31 — Trois personnages de la comédie italienne sont assis dans un parc et font la conversation, tandis qu'un quatrième joue de la guitare. (Sujet gravé.)

32 — La joie du Théâtre. (Tableau gravé.)

33 — Une jeune personne assise dans un bosquet tient un cahier de musique à la main et chante, accompagnée par un villageois qui joue de la flûte.

LANCRET (D'APRÈS).

34 — Bonne copie, déjà ancienne, du Lancret qui faisait partie du musée Standish.

LANCRET (GENRE DE).

35 — Deux femmes et un homme faisant un repas champêtre.

LEDOUX (Mlle).

36 — Portrait de l'artiste.

37 — Tête de jeune fille.

38 — Tête de jeune fille.

LÉPICIÉ.

39 — Tête de jeune fille.

LE MOINE.

40 — L'Innocence allumant le flambeau de l'Amour.
41 — Tête de jeune femme reproduite dans un des meilleurs tableaux du maître : la femme descendant au bain.

LEPRINCE, Peintre du Roi.

42 — Portrait du peintre.

MALLET.

43 — Jeune femme debout devant la statue de l'Amour.
44 — Jeune femme agenouillée devant l'autel de l'Amour.

MIGNARD.

45 — Portrait de Mme de Montespan.

NATTIER.

46 — Portrait d'une princesse de la famille des Bourbons.
47 — Idem.   Idem.
48 — Idem de Mme Victoire de France, fille de Louis XV, Peinte avec les attributs de Diane.
49 — Idem de Mme Sophie de France, fille de Louis XV.
50 — Idem de Mme Louise de France, fille de Louis XV.

51 — Idem de Mme Henriette de France, fille de Louis XV.

52 — Idem d'Henriette de Bourbon-Conti, avec les attributs d'Hébé.

53 — Idem de l'abbesse de Chelles, fille du Régent. (Pastel.)

54 — Idem de la duchesse de Berry, sœur de la précédente. (Pastel.)

PATER.

55 — Jeunes femmes au bain.

56 — Détachement de soldats en route.

PUGET.

57 — Portrait du célèbre sculpteur peint par lui-même.

REGNAULT.

58 — Tête de jeune fille.

RIGAUD.

59 — Portrait du maréchal de Luxembourg.

SCHALL.

60 — Le Peintre amoureux.

61 — Les Appas multipliés.

62 — La Surprise.

(Tableaux gravés.)

TOCQUÉ.

63 — Portrait de Louis, dauphin, fils de Louis XV.

64 — Idem d'une Princesse de la famille royale.

DE LA TOUR.

65 — Portrait du peintre. (Pastel.)

66 et 67 — Portraits de deux sœurs. (Pastel. L'un des deux signé.)

On lit derrière ces pastels la note suivante, tracée en écriture ancienne sur le vélin même : *1781, 4 mars. Payé à M. M. De La Tour pour chaque portrait des demoiselles de Buxy, quatre cents livres.* — (Signé) DE BUSSEUIL.

DE TROY.

68 — Louis XIV recevant les ambassadeurs de Siam, dans la grande galerie de Versailles.

VALLIN.

69 — La Tentation de saint Antoine. Très joli tableau qu'à la première vue on pourrait prendre pour un Prudhon.

VERNET (Joseph).

70 — Vue des cascades de Tivoli.

LE CHEVALIER VEUGHEL.

71 — La Jument de maître Pierre. — Signé : V., Rome. 1755.

VIDAL.

72 — Une Grappe de raisin et un Nid. (Gouache.)

VIVIEN

73 — Portrait du sculpteur Corneille Van Clève. (Pastel. Gravé.)

WATTEAU.

74 — Esquisse terminée du tableau dans lequel Watteau s'est représenté peignant dans un parc. Près de lui, M. Julienne, son protecteur, est assis et joue de la basse.

— 11 —

INCONNUS.

75 — Portrait de Mme la princesse de Lamballe.

76 — La Reine Marie-Antoinette en Vestale.

77 — Mme Du Barry à sa toilette.

78 — Portrait de Marie-Thérèse de Savoie, femme du Cte d'Artois (Charles X).

79 — Portrait d'acteur dans un rôle comique.

<blockquote>Nous croyons, avec plusieurs personnes, que cet acteur est Molière, dont la figure, sérieuse hors du théâtre, comme l'a peinte Mignard, prenait sur la scène un caractère comique tel, qu'elle excitait tout d'abord le rire des spectateurs.</blockquote>

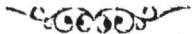

www.ingramcontent.com/pod-product-compliance
Lightning Source LLC
Chambersburg PA
CBHW050041230526
45470CB00003B/1394